RELIGION DE L'HUMANITÉ.

DISCOURS

PRONONCÉ

A L'OCCASION DU CINQUIÈME ANNIVERSAIRE

DE LA MORT

D'AUGUSTE COMTE

Le 24 Gutenberg 74 (5 Septembre 1862), à Paris.

RUE MONSIEUR-LE-PRINCE, N° 10.

PAR

M. RICHARD CONGREVE.

L'Amour pour principe
Et l'Ordre pour base ;
Le Progrès pour but.

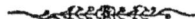

PARIS

IMPRIMÉ PAR E. THUNOT ET Cie,

26, RUE RACINE.

—

1864

AU NOM DE L'HUMANITÉ.

> L'Amour pour principe
> Et l'Ordre pour base ;
> Le Progrès pour but.

MESDAMES, MESSIEURS,

Maniant une langue qui n'est pas la mienne, je réclame toute votre indulgence. J'ai tâché de me faire comprendre ; pour le reste je n'ai eu ni le loisir ni le calme d'esprit qu'exigeait la rédaction d'un tel discours. Lorsque j'ai accepté la délégation que m'a offerte M. Laffitte, notre directeur, j'étais bien loin de prévoir ce qui nous est arrivé.

Le but principal de cette réunion reste toujours le même. Nous nous réunissons pour nous rappeler et pour honorer la mémoire de notre Maître, le Fondateur de la Religion universelle. Nous venons faire un acte spécial de la grande institution du Culte des morts, institution ébauchée déjà par d'autres religions, mais que le Positivisme adopte, agrandit, perfectionne et met en harmonie avec l'ensemble de notre vie. C'est un acte spécial, mais il sera toujours l'acte le plus solennel, le résumé le plus complet de ce Culte, l'acte auquel se rattacheront, comme à leur centre, tous les autres Révélateurs de l'Humanité ; sa mémoire résume celle de tous ses serviteurs, tant involontaires que volontaires. En commémorant sa mort, la même liaison se fait sentir sans que nous puissions nous en dispenser. Culte, dogme ou régime, perfectionnement individuel ou organisation collective, tout se rapportera à lui, pour tous ceux qui adorent simplement et directement l'Humanité. Il restera, pendant l'existence humaine, la grande figure centrale qui domine toutes les autres et les rapproche.

Cinq années se sont écoulées depuis la mort d'Auguste Comte, et il n'en est guère une seule qui n'ait été marquée par la disparition de quelques-uns de ses disciples et de nos confrères. Déjà, lors de sa première commémoration, il y avait d'autres souvenirs que le sien pour le Positivisme. Non-seulement l'image qu'évoquait son nom était compliquée par celle des nobles femmes qu'il avait associées à sa mémoire, mais il y avait entre nous et la série des bienfaiteurs de l'Humanité, qui compose notre calendrier, quelques serviteurs avec conscience qui avaient reconnu son existence, et qui, avec plus ou moins de fermeté, plus ou moins complétement, s'étaient dévoués à la faire reconnaître par les autres. Depuis sa mort, leur nombre est bien augmenté. La nouvelle série, la série des morts positivistes, se forme avec une rapidité effrayante. Lentement nous marchons vers la pleine occidentalité quant à la composition de la société que nous représentons aujourd'hui. Nous avons marché moins lentement vers cette même occidentalité, quant aux morts. Nous n'avons que trop peu d'effort à faire pour réaliser la vérité, que les morts dominent les vivants ; le culte positif des morts ne nous est que trop facile. L'un après l'autre, nos frères se sont suivis dans le tombeau, nous laissant le regret, l'amère douleur et la tâche difficile de nous soutenir, de faire face aux poids de nos fatalités, de savoir obéir à nos convictions, tirer parti de cette triste nécessité même, et y puiser le courage et le dévouement.

Jamais nous ne nous sommes réunis dans d'aussi tristes circonstances que cette année-ci ! Nous qui venons de loin assister à cette cérémonie, et qui ne pouvons venir qu'une fois par an, en entrant dans ces lieux, nous avons dû tous éprouver un sentiment de vive douleur ; nous avons eu le cœur serré. Pour la première fois, il nous manquait l'affectueux accueil, la pleine et évidente bienveillance de celle qui constituait le charme de cet appartement, de celle que tous nous honorions et aimions. C'est un grand vide qu'elle nous a laissé ! Elle a déjà, je le sais, été appréciée ici. Il me sera permis pourtant, de la part de ceux qui n'ont pu être présents à sa commémoration, de dire, le plus simplement possible, que nous avons profondément ressenti le coup qui nous a frappés. Sa sollicitude pour notre cause était constamment en éveil ; et elle y coopérait de la manière la plus utile, comme elle la concevait dans sa plus ample largeur. Je n'oublierai jamais les grandes vues qu'elle puisait dans sa sympathie, et qui rendaient ses entretiens si admirables pour retremper les âmes. Dans mes visites annuelles, qu'il me soit permis de le dire, c'était ce qui me faisait le plus de bien ; je pourrais bien dire nous. Elle regardait tous les croyants d'un amour maternel, qui était le fond de tout ce qu'elle disait, de tout ce qu'elle faisait. Cet amour, tous ceux qui l'ont senti le lui rendent bien. Son souvenir nous reste parmi tout ce qu'il y a de plus pur et de plus tendre dans notre mémoire. Vivante, elle nous associait, plus qu'aucune autre chose, à la vie de son maître et son père. Morte, elle complète le groupe central, elle prend part à son immortalité.

C'est la première fois aussi que M. de Constant nous manque. Lui aussi il a déjà été dignement apprécié, et je ne prétends aucunement y revenir. Mais l'absence d'une si vive et saisissante personnalité ne me permet pas un silence complet. Je ferais tort à mes sentiments et à ceux de beaucoup d'autres, si je ne m'efforçais d'exprimer, quoique imparfaitement, l'affection intimement sentie que nous gardons pour sa mémoire. Jamais sa bienveillance personnelle ne nous faisait défaut. Sachons nous en montrer dignement reconnaissants, et il n'y aurait pas de reconnaissance plus digne que de nous approprier ce qui surtout le distinguait. Chaque fois que nous le voyions, si le temps nous permettait de nous pénétrer de la conscience de ce qu'il était, de sa manière de vivre et de son action en détail, car il fallait le suivre d'un œil attentif et lui arracher en quelque sorte son secret, il était facile de nous convaincre que dans l'intervalle, il avait grandi moralement, qu'il avait acquis plus d'empire sur lui-même, enfin qu'il avait fait un progrès sensible vers ce perfectionnement intime auquel il se consacrait. C'était bien là pour nous tous, un exemple à suivre, un enseignement des plus utiles. Je mets en avant ce qui me frappait le plus, sans que cela nuise à la perception de ses autres qualités, ou à l'honneur que méritent son activité continue et les éminents services qu'il a pu et voulu rendre à notre Maître pendant sa vie, à son OEuvre après sa mort.

Bien autrement douloureuse est la mort de notre jeune Confrère. J'en parlerai directement et ouvertement, car il est impossible que ceux qui l'ont connu intimement, et il y en a plusieurs parmi nous qui le connaissaient ainsi, n'en soient pas préoccupés. Et ceux qui ne le connaissaient pas personnellement, car il assistait trop rarement à ces réunions, auront été intéressés à son sort et n'auront pu entendre sans douleur la nouvelle de sa disparition. Il m'est bien pénible et bien difficile d'en parler. Les autres sont tombés les armes à la main, luttant pour la grande Cause. Quelle que soit notre manière d'envisager sa mort, pour moi il ne peut être douteux qu'il n'ait voulu disparaître, qu'il n'ait voulu renoncer à toute son action sociale, qu'il n'ait désespéré de la vie et qu'il ne soit allé chercher le repos et le soulagement de ses souffrances dans une mort volontaire.

Quel bel Avenir! me disait un jour M. de Constant en parlant de lui, et, en effet, il semblait tel. Jeune, riche, jouissant d'une position sociale des plus solides, doué d'une haute intelligence, d'une âme capable des plus grands sacrifices, estimé même par ceux qui ne comprenaient pas ses principes d'action, aimé par ceux qui le comprenaient et le connaissaient, la vie semblait lui offrir tout ce qu'il fallait pour le bonheur, sauf un tempérament physique qui obscurcissait tout et auquel finalement il a succombé. Il s'est laissé aller à l'isolement, à la tristesse, et le désespoir est venu clore la série. Il n'a pas eu la force de sortir de la solitude qu'il s'était créée. Si la vie lui souriait, ce qui arrivait à de rares intervalles, il cherchait et goûtait la sympathie ; mais quand ses heures de tristesse revenaient, il la fuyait. C'est le caractéristique des âmes élevées. Il a eu gravement tort de céder au sentiment de son impuissance à soutenir plus longtemps la lutte ; il a manqué à ses principes ; il nous a placés dans la douloureuse nécessité de ne pouvoir commémorer sa mort publiquement.

Noble et généreux Ami, tu serais le premier à accepter le blâme que j'ose ainsi formuler, telle était la parfaite rectitude de ton esprit. Tu ne méconnaîtrais nullement le sentiment de devoir social, qui me pousse à ne pas chercher un refuge dans le silence, mais à m'exprimer librement sur ton compte. Tu ne méconnaîtrais pas non plus les sentiments personnels de regret, d'honneur et de la plus douloureuse sympathie que m'inspirera toujours ta mémoire, et que ta mort ne pourra aucunement altérer.

Tout digne éloge implique la liberté de blâmer. Mais la part du blâme une fois faite, il nous est permis, Messieurs, de donner libre cours aux inspirations de l'amitié et de l'estime. Et d'abord, sachons-lui gré d'une chose : c'est que jamais, sous le poids de ses impressions personnelles, il n'ait douté de notre doctrine. Ma conviction, à cet égard, est confirmée par tout ce que j'ai vu dans ses papiers, par les témoignages directs et indirects de ses amis et de sa famille. Il est resté inébranlable, non-seulement quant à la doctrine, dans le sens le plus étendu du mot, mais aussi, ce qui chez nous est plus rare et plus difficile, quant à son opportunité.

Il ne transigeait en rien ; il était d'une droiture remarquable, et ce qu'il acceptait en théorie, il voulait le faire passer directement dans la pratique. Lors même qu'il sentait, et qu'il regrettait comme nous le regrettons tous, que dans l'état actuel des choses, la société Positiviste ne lui offrait nullement le soutien qu'il désirait ardemment, ne remplissait aucunement la fonction d'une Eglise et d'une société organisée de manière à soutenir et consoler ses membres ; lors même, ce qui lui arrivait parfois, qu'il regrettait la foi de sa jeunesse ou se laissait aller aux imposantes offres du Catholicisme du moyen âge, jamais cependant cette forte intelligence n'a renié ses convictions, n'a cédé en rien sur la foi positive.

Je l'ai déjà dit, Messieurs, il a succombé au sentiment de son impuissance, de l'inutilité d'une existence prolongée, de son indignité, c'est son propre mot. Par quelles souffrances a dû passer un tel homme, une telle nature, avant d'en venir là? Passons là-dessus, ne nous y appuyant que pour en tirer ce qu'il faut pour modifier notre jugement, et l'ayant jugé avec calme, rappelons-nous ses grands services, sa large volonté envers notre cause, son dévouement à l'Humanité, son abnégation de lui-même. Rappelons-nous aussi et davantage tout ce qu'il y avait en lui de bon et de noble, sa loyauté, sa délicate sympathie, sa justice et sa tendresse. Honorons l'ami, chérissons sa mémoire qui, j'aime à le croire, d'après le jugement même le plus sévère, et sans aucune concession faible, restera toujours non-seulement pour nous qui l'avons connu, mais pour nos successeurs, liée d'une manière honorable et indissoluble, aux souvenirs du Positivisme.

La situation morale est bien changée. Ceux qui ont assisté aux commencements de notre œuvre ne sont plus. D'autres viendront, mais ce n'est plus précisément la même chose. Les amis de la jeunesse du Positivisme disparaissent, ils n'assistent plus à nos luttes, ne nous encouragent plus de leur voix. Leur place est vide, nous ne le sentons que trop. L'œuvre est toujours la même; mais si la part qui en revient à chacun est devenue plus lourde, c'est que ceux-ci nous manquent.

De telles pertes sont bien faites pour nous décourager. A contempler ce triste spectacle de la vie perdue par les uns, jetée par les autres, nos forces nous quittent, nous nous sentons presque incapables de soutenir la lutte. Mieux vaut se résigner et laisser faire. L'esprit se rétrécit, le cœur s'affaisse. Heureusement que cet état ne dure pas, et que, par le cours naturel des choses, nous reprenons peu à peu le courage que nous avons perdu ; nous rentrons dans la vie ordinaire. Mais trop souvent, nous n'y rentrons que gravement atteints dans notre énergie, mal disposés pour les efforts qui, auparavant ne nous coûtaient pas, pénétrés même d'un vague et dangereux sentiment de l'inutilité de tout effort. Notre courage est moindre qu'il ne l'était. Il s'agit très-sérieusement, Messieurs, de combattre ces tendances, de ne pas nous laisser aller sur cette pente si facile ; il s'agit de puiser une force nouvelle, et nulle part pouvons-nous le faire mieux que dans le Culte des morts. Ce n'est pas la seule source, je le sais, mais c'est une source bien puissante, vu l'absence de toute excitation, vu le grand calme qu'il est de nature à nous inspirer, tout en nous inspirant aussi la résolution ferme et soutenue de ne pas manquer aux grands exemples. En présence de nos souvenirs, de ce grand mais douloureux Passé, si empreint de souffrances mais si empreint aussi des traces de courage et de dévouement, faiblir devrait nous être impossible, tant devraient être puissants les sentiments de sympathie et d'obligation. Une telle force devrait exercer sur nous la pensée que la cause des souffrances et la raison du dévouement existent autant qu'elles aient jamais existé ;

les sacrifices qui ont été faits impliquent des sacrifices correspondants de notre part.

Aussi nous n'évoquons pas le Passé, pour nous laisser affaiblir par lui. Au contraire, nous regardons la mort en face pour stimuler et régler notre courage. Nous nous pénétrons du souvenir de nos morts, nous nous recueillons pour le méditer, afin de sortir de cette méditation plus forts et plus énergiques, plus sympathiques pour les vivants par la mémoire de leur sympathie, plus dévoués à l'Humanité par le poids de leur dévouement. C'est à la vue de cette puissance très-réelle que nous sentons qu'oublier, refuge des âmes faibles, c'est nous priver d'un de nos plus solides appuis, en même temps que c'est agir en lâches envers ceux que nous avons aimés et que nous aimons toujours. Notre véritable vie, conçue dans son vrai jour et dans son intime réalité, consiste à les faire vivre en nous, à reproduire leur vie en continuant leur œuvre, en nous emparant de leurs grands desseins, en propageant leurs nobles sentiments. Nous n'y ajoutons que peu, et ce que nous y ajoutons c'est en nous inspirant d'eux que nous y parvenons. Nous rappeler ainsi ceux qui ne sont plus, nous lier ainsi à eux, c'est nous élever à leur hauteur, c'est nous approprier les bénéfices de leurs efforts, c'est participer au calme qui règne autour d'eux, c'est leur rendre dignement honneur, c'est instituer le vrai Culte des Morts.

Notre situation est bien changée aussi, matériellement, par les événements de cette année. Je n'insisterai pas là dessus, mais il m'est impossible de ne pas y consacrer quelques mots, puisque nous y sommes tous intéressés. Personne ici n'ignore que ce qui a été fait, a été fait en grande partie par l'assistance pécuniaire des deux positivistes dont nous déplorons la perte. Sans eux, nos ressources sont bien faibles. M. Winstanley n'a rien légué au Positivisme. M. de Constant, au contraire, nous a destiné un legs considérable ; mais il est pour moi presque certain que nous ne réussirons pas à faire valoir nos droits, qui, moralement valides, n'ont aucune validité légale. Je dirai plus même. Si nous pouvions les faire valoir par une contestation légale, je préférerais qu'on y renonçât franchement. Ce serait le plus digne de notre part. Dans le cas où nous échouerions ou que nous y renoncérions, le subside se trouvera réduit tout d'un coup de plus de moitié. Nous aurons, s'il reste à son niveau actuel, à peine de quoi suffire aux besoins les plus urgemment nécessaires, c'est-à-dire au maintien intégral du local. Toute activité en dehors de cela nous sera interdite, toute activité, bien entendu, qui dépend de la possession de l'argent. Il est douteux même si dans cette limite nous parviendrons à maintenir la situation actuelle. Il ne devrait pas en être ainsi, ce dont se convaincra facilement quiconque consentira à étudier avec un peu d'attention les circulaires qui, sous ce rapport, font autorité. Rien de plus évident que ceci, que nous pourrions accomplir tout ce qui est indispensable, si l'on pouvait remettre les efforts sur le pied où ils l'étaient l'année qui a précédé la mort de notre Maître.

Quant à moi, je ne le dissimule pas, je vois, sans le regretter aucunement, ce changement dans notre situation matérielle. J'accepte le nouvel ordre comme plus normal et au fond beaucoup plus utile que l'état antécédent. Une cause qui doit s'appuyer sur l'assentiment général et sur la coopération populaire, mais qui ne s'appuyait effectivement que sur deux hommes, était dans une fausse voie. Peut-être eût-il mieux valu que la chute en eût été plus graduée, c'est possible. Mais peut-être aussi cette subite interruption de notre marche a-t-elle aussi son avantage. Elle nous réveille un peu en sursaut, mais, la surprise passée, cette rude secousse peut nous donner l'énergie qu'il nous faut, et nous retrouverons en face d'un grand danger la pleine vigueur d'action qu'une diminution moins sensible de nos ressources eût tendu à assoupir. Nous ne pouvons plus nous reposer ; il faut que tous, chacun pour soi, nous nous sentions appelés à un effort bien calculé, bien ferme; que nul ne se croie dispensé, grâce à une intervention extraordinaire, de contribuer pour sa part et régulièrement à ce qui est l'affaire commune.

Il est vrai que pendant un temps plus ou moins long, et dont la durée dépend en grande mesure de nous-mêmes, nous serons entravés dans notre action, ce qui, sous quelques rapports, nous sera très-pénible. Renoncer à des engagements formels, c'est à quoi nul ne saurait se résoudre sans en éprouver de la peine, même quand la plus manifeste impossibilité de les remplir l'ordonne. Ce n'est pas non plus sans peine que l'on renonce à une action plus étendue et qu'on se replie sur une apparente inertie. Et pourtant, tout bien pesé, je demeure convaincu que, pour l'avenir du Positivisme, il était essentiel d'asseoir notre œuvre sur une base plus réelle, moins large, mais plus solide. Quelque inattendus qu'aient été les événements de cette année, cependant si l'on suit attentivement notre action collective, on trouvera que tôt ou tard il n'était que trop probable que nous en viendrions là où nous en sommes actuellement ; car, il faut le dire, les efforts de cette petite minorité de deux allaient toujours en augmentant, en même temps que l'effort collectif de nous autres diminuait ; la proportion entre les deux éléments du subside, d'après une analyse exacte, n'était pas ce qu'elle devait être, et tendait peu à le devenir. Il y avait là toujours un sujet de grave inquiétude. Ce qui nous est arrivé est imprévu nécessairement, quant à la violence du choc, mais pourtant entièrement dans la logique des affaires humaines. Nous aurions donc dû le prévoir et agir de manière qu'il ne nous arrivât pas.

En acceptant la situation actuelle comme dans un certain sens un avantage, je ne prétends nullement en atténuer la gravité. Elle est grave certainement, mais les difficultés qu'elle présente ne dépassent pas la mesure de nos forces sobrement estimées. Vouloir, c'est pouvoir ; seulement, ici, il faut que tous veuillent, que tous se mettent à l'œuvre, qu'une action générale, modeste et régulière se substitue à l'action partielle et disproportionnée de quelques-uns. Nous avons assez vécu des efforts des autres ; quand je dis nous, je parle de la société, de l'organisation positiviste. Il faut vivre maintenant de nos propres efforts, efforts qui doivent être mesurés et continus. C'est la régularité qu'il faut à tout prix. Je vous invite tous à réfléchir sur notre position, sur l'action qu'elle exige, les devoirs qu'elle impose, les vrais moyens de la maintenir, et aussi les vrais moyens de remédier à ce qu'elle offre de faible et d'étroit. Assez pour moi si je répète que si tous n'interviennent pas, chacun dans la mesure de ses forces, dont lui seul doit être juge, nous ne pourrons pas entretenir la vie collective, qu'il faudra renoncer (pour le moment), à continuer sans interruption l'œuvre que nous avions commencée; il faudra nous replier sur les efforts purement individuels. Il n'y a pas à en douter, il n'y a pas à se tromper là-dessus. Notre existence sociale est directement en question. Agissons donc en hommes conséquents. Si nous voulons la maintenir, les moyens sont clairs; si nous voulons la laisser tomber, que cela aussi soit un acte de volonté réfléchie et non pas de faiblesse. Le mot de Milton est juste :

Ange déchu, être faible, c'est être misérable.

Quoi qu'il en soit, Messieurs, n'oublions pas que c'est nous personnellement qui sommes en question et non pas la cause. Je verrais avec le plus profond regret les suites nécessaires de notre faiblesse, si nous étions assez faibles pour laisser tomber ce que nous sommes parvenus à faire (d'une manière ou d'une autre); si la continuité de notre existence sociale se rompait. Si c'était par nécessité que cela arrivât, une nécessité bien constatée, tout en la regrettant il faudrait bien la subir avec résignation et sans en rougir. Et je ne dis pas, quoique j'en doute fort, que ce n'est pas là le cas actuel. Mais il faut bien la constater, cette nécessité, il faut être bien sûr que ce qui manque ne soit pas la volonté, que nous ne mettions pas sur le compte de l'impossibilité ce qui n'est véritablement que faiblesse. Dans l'un et l'autre cas également, je verrais avec regret se dissoudre les liens qui unissent les Positivistes entre eux par l'abandon du local consacré par tant de souvenirs, par l'absence forcée de toute action collective. En faisant un retour sur le passé, je ne pourrais me dispenser de croire que c'est en grande partie à nous-mêmes qu'il faudrait s'en prendre pour expliquer ce triste résultat. Avoir cinq ans d'existence et ne pas avoir réussi à assurer cette existence dans sa plus simple expression, il y aurait là, Messieurs, un fait que nous ne pourrions accepter qu'avec honte. En grande partie, ai-je dit, nous-mêmes nous en serions la cause. Pour être juste, il faut bien faire la part des autres, la part de ceux qui, participant largement à nos croyances, se sont tenus par divers motifs plus ou moins respectables en dehors de toute action, se refusant à tout appui matériel; la part aussi de la génération actuelle qui, par l'ensemble de ses convictions ou plutôt par défaut absolu de convictions, et par la faiblesse de son caractère, ignore et désire ignorer, car c'est là la vérité, la doctrine que nous lui présentons.

Mais quel que soit l'apportionnement respectif du blâme, et quelque divers que soient nos regrets, la cause que nous soutenons survivra à notre chute. Elle est toujours là, Messieurs, cette grande question de la réorganisation sociale par l'avénement d'une nouvelle Religion ; et elle y resterait, alors même que nous disparaîtrions tous, nous qui, de pleine conscience, avons accepté la mission de l'avancer. Les hommes meurent, l'Humanité vit. Il y a perte d'efforts, mais non pas cessation totale. Efforçons-nous d'éviter les pertes et les délais qui en sont ordinairement les suites. C'est là notre devoir immédiat, et de la manière dont nous l'accomplissons, dépendra notre estimation et notre valeur. Mais que notre devoir soit accompli ou non, l'œuvre sera continuée ; d'autres se mettront à notre place ; le feu sacré, qui n'est pas descendu sur nous, touchera les lèvres d'autres plus compétents, et, nous écartant comme faibles, nos successeurs réussiront où nous aurons succombé. C'est une consolation collective pour ceux qui n'auront pas su obéir aux impérieuses réclamations de la conscience individuelle.

D'ailleurs, Messieurs, qu'elle vive ou qu'elle périsse, notre organisation collective, d'après sa nature complexe, c'est toujours des efforts des individualités qui la composent que dépend son utilité. Si elle parvient à durer, ces unités conservent leur valeur actuelle ; si elle se dissout, leur responsabilité et leur utilité, au lieu de diminuer, seront largement augmentées; car n'oublions pas que la vraie propagande n'est pas une affaire collective. Si, en ce qui regarde l'intelligence, elle nous est prescrite plutôt orale qu'écrite, afin que la personnalité et les sentiments y interviennent davantage, afin qu'elle laisse plus à l'esprit vivant et vivifiant qu'à la lettre morte; à plus forte raison, en ce qui concerne l'action, notre propagande doit-elle s'appuyer davantage sur les sentiments que sur les raisonnements, sur les exemples que sur les préceptes. La meilleure, la plus sûre propagande pour nous comme pour les autres religions qui nous ont précédés, c'est la vie largement et nettement conforme à nos convictions. C'est aussi la seule absolument universelle, à laquelle c'est-à-dire tous peuvent participer. Si nous avons été trop disposés, telle est la faiblesse humaine, à oublier, ou du moins à ne pas pratiquer cette simple vérité, les circonstances actuelles peuvent nous être d'une haute utilité. Forcément nous devons y revenir, puisqu'à défaut des moyens que nous avions, nous sommes obligés de sentir, avec exactitude, ceux qui nous restent. Et il n'y a rien de décourageant si nous nous trouvons réduits à un seul moyen, car il est le seul efficace, valant bien tous les autres dont, au bout du compte, il constitue la condition effective. On ne saurait trop insister là-dessus que pour faire partager aux autres notre Foi, dans toute sa plénitude, il est nécessaire que nous nous en montrions pénétrés et qu'une vie conforme à cette Foi en soit la seule preuve convaincante.

Même pour les convictions intellectuelles, ce qui au temps actuel est de beaucoup la plus facile partie de notre tâche, il faut les avoir soi-même ou renoncer à tout espoir de les répandre. Mais quand il s'agit d'une complète acceptation de la religion de l'Humanité, avec les obligations qu'une telle acceptation impose, c'est alors que cette condition se présente dans toute sa nécessité, mais c'est alors aussi que nous sentons combien elle est intimement justifiée.

Outre la difficulté qu'il y a toujours à se pénétrer tellement d'une foi quelconque, à accepter si complétement une religion quelconque, que son influence se traduise visiblement aux yeux de tous dans la conduite générale de notre vie, dans tout le menu détail de nos actions, nous autres positivistes nous avons une difficulté de plus. Elle dépend de la nature même de notre Religion, dans les conditions actuelles, pendant la période de transition, et avant que le nouveau culte, la nouvelle doctrine et le nouveau régime, ayant pris pleine possession du cœur et de l'esprit des hommes, soient parvenus à les modifier et à les harmoniser. La relativité du positivisme, le besoin urgent de rester dans le réel, voilà deux écueils contre lesquels il n'est que trop facile d'échouer ; car on peut pousser la relativité à un tel point que toute action franchement positiviste soit écartée sous le prétexte de manquer d'opportunité ; de sorte qu'elle devienne en effet un motif spécieux pour la paresse et la lâcheté.

Encore une fois, en présence des obstacles que nous

offre la constitution actuelle de la société, il est de la dernière urgence que nous conservions notre sang-froid à un degré qui nous permette de juger librement de nos propres forces, de notre propre action, et, en même temps, des forces et de l'action opposées. Le coup d'œil calme, même froid de l'homme pratique, concilier cela avec le vrai enthousiasme de l'homme religieux, c'est un problème qui ne se pose pas seulement pour nous, mais qu'il nous est plus impérativement nécessaire qu'aux autres de résoudre, nous qui, plus que les autres, reconnaissons la réalité comme base indispensable de la foi. Nos devanciers ont dû avoir plus d'affinité pour l'élan mystique. Il nous incombe de démontrer que l'élan qui se base sur le réel peut être tout aussi puissant et soutenu. Que cela deviendra évident dans l'avenir, je n'en doute nullement; que cela est déjà évident pour ceux qui apprécient dans leur vrai jour les exemples que nous possédons dans le Positivisme, c'est pour moi un fait constaté. Mais néanmoins la difficulté reste pour nous tous, et il importe de s'en rendre compte. Un enthousiasme calme, sage et réglé, c'est là la disposition que nous devons nous efforcer d'atteindre, quelles que soient les difficultés de la tâche que nous nous imposons. Car en cultivant le jugement sain qui écarte le fanatisme, qui voit les choses telles qu'elles sont, il y a risque de nous refroidir; à force d'être sages, nous devenons tièdes, et il nous faut une grande et vraie chaleur.

Que ce soit là notre vraie tâche, c'est ce qu'indiquent

Je m'explique un peu. Si nous portons nos regards sur nos contemporains, et c'est à eux que nous nous adressons pour la plupart, la principale difficulté à vaincre c'est la faiblesse. Il est évident, Messieurs, que dans une société comme celle sur laquelle nous voulons agir, une société mourante pour ainsi dire, où ce qui a servi de lien dans le passé n'y sert plus, à défaut d'une conception raisonnée de l'avenir, l'instinct social amènera les hommes à se roidir contre toute tentative qu'ils ne comprendront pas, à frapper du ban social tous ceux que la perspective d'un nouvel ordre fait dévier de l'ordre établi. Il y en aura beaucoup de ces hommes, et le nombre en ira toujours en s'augmentant. Mais d'abord le degré de leur détachement du passé, de leur acceptation des nouvelles doctrines sera bien inégal, et quand l'un et l'autre sera complet, ils auront grand'peine en face de la puissante résistance, qu'ils ne peuvent aucunement éviter, à faire le pas décisif, à rompre entièrement dans le sens positiviste avec leur milieu. Le seul moyen de leur donner la force nécessaire, la seule source où ils peuvent la puiser, cette force, c'est, à mon avis, aux convictions sociales. Ceux qui non-seulement reconnaissent intellectuellement, mais qui sentent intimement les maux, les souffrances des hommes qui les entourent, ceux-là sont, en règle générale, les seuls à qui nous pouvons nous adresser avec un espoir bien fondé d'être écoutés, examinés, acceptés ou rejetés d'après un examen sérieux, et un examen sérieux est tout ce que nous demandons.

Je m'en tiens, Messieurs, aux questions les plus simples, à celles qui ont ou doivent avoir de l'intérêt pour tous, à celles qui touchent directement à la pratique. Nous pouvons tous avancer d'un pas ferme dans la voie de l'amélioration morale, et si nous le faisons, il est certain que l'influence d'une telle conduite ne manquera pas de se faire sentir, sans que nous y travaillions sciemment. C'est la propagande, par la voie d'exemple, dont j'ai parlé. J'ai parlé aussi de la ligne à suivre en prêchant la foi; mais vous aurez remarqué que tout ce que j'ai dit regarde nos efforts individuels, soit que nous nous occupions de notre perfectionnement moral, soit que nous visions à la conversion des autres. N'oublions pas toutefois que partout où il y a un foyer positiviste, la question de notre action sort du domaine purement individuel et prend un caractère collectif. L'accord ou le désaccord des divers membres du foyer, leur union plus ou moins intime et amicale, leurs soins mutuels de se soutenir entre eux, de se consoler dans les mauvais temps, de se prêter un constant appui, tout cela, Messieurs, est d'une grande importance, non-seulement quant à ces membres eux-mêmes, mais aussi pour tous ceux qui, tout en restant en dehors de la société, ont des contacts avec elle. Se rallier les uns aux autres, c'est le devoir des Positivistes; c'est le seul moyen aussi de constituer un noyau qui puisse réagir sur les autres et qui puisse les attirer. Mais ce ralliement ne dépend pas d'un seul, et suppose comme toute action sur les hommes de la réciprocité. Il suppose aussi le règlement individuel. Rien de plus clair en effet que l'obstacle le plus puissant à l'union c'est l'égoïsme, pris dans le sens le plus étendu. Mais aussi dans un sens beaucoup plus rétréci, un sens presque négatif, c'est bien souvent l'égoïsme qui nous sépare les uns des autres, en nous détournant des soins nécessaires pour nous rendre agréables aux autres. On peut avoir beaucoup de vraie sympathie et ne pas la faire sentir aux autres, faute de se régler convenablement. De ce point de vue encore nous rentrons dans la question de l'amélioration personnelle dans un but social. Si nous travaillons à cette amélioration, il ne tiendra pas à nous si ce ralliement manque. Nous y aurons contribué pour notre part. Et quoiqu'il ne dépende pas d'un seul, en règle générale, il émane d'un seul ou de plusieurs, dont chacun constitue à lui seul un centre. C'est un don rare, celui de rallier presque instinctivement les hommes ; il a appartenu aux grands hommes que souvent il caractérise. Mais à un certain degré nous pouvons tous l'exercer, ce pouvoir, car nous pouvons tous offrir les conditions indispensables. Nous pouvons tous avoir de la valeur, de la fermeté, de la persistance, et ce sont les qualités et leurs pareilles qui rallient. Du reste, si dans un foyer positiviste le ralliement n'existe pas, et par conséquent la vraie société, qui est toujours constituée hiérarchiquement, n'existe pas, il est impossible que là notre Foi fasse de grands progrès sociaux.

Qu'il me soit permis, avant de quitter cette partie, de remarquer que si le but principal de cette réunion est de commémorer notre Maître, elle peut bien servir à un autre but, celui de rapprocher ses disciples. Depuis des années elle n'a guère servi à cela. Nous nous voyons, nous écoutons et nous nous en allons. Oserais-je vous prier tous de consacrer quelques instants après ce discours à un but purement social? Faisons au moins la connaissance les uns des autres, afin que si nous nous rencontrons quelque part, ce soit en hommes qui se sont vus et se sont entre-connus. C'est un regret que j'ai toujours emporté après chaque séance, qu'il y avait bien de nos confrères avec qui j'avais essayé en vain d'entrer en relation. Il faut profiter de ce que nous avons en main. Il serait mieux, peut-être, que cet échange de civilités personnelles pût avoir lieu ailleurs. Mais il n'est guère possible. Ainsi, tout en croyant convenable qu'avant la séance un silence religieux soit observé par tous les assistants, un silence qui permette à tous de se recueillir, je crois aussi que ce serait sacrifier le fond à la forme de ne pas utiliser ce local pour le but que je viens d'indiquer. Ce n'est là qu'une question de détail, mais à mes yeux elle n'est pas sans importance.

Je me résume, Messieurs. J'ai parlé de nos pertes et de nos difficultés, sans vouloir vous attrister par la considération des unes ni vous décourager par le tableau des autres. J'ai parlé aussi de notre action et de notre propagande, tant personnelle que collective. Il me reste peu à faire. Je reviens à mon point de départ. Au milieu de notre douleur et de notre découragement, il y a toujours pour nous un point fixe, un exemple en commun, qui puisse nous ramener au juste sentiment de ce que nous devons faire. Il y a toujours la grande mémoire d'Auguste Comte, qui a fait face à la plus amère douleur et combattu le plus profond découragement. Puissions-nous, comme lui, dans notre mesure, tirer parti pour l'Humanité des calamités que nous subissons ! Puissions-nous nous soutenir nous-mêmes et savoir consoler les autres ! Tout au moins puissions-nous tous persister, et, la plus triste expérience en fait foi, la persistance est déjà une vraie force !

www.ingramcontent.com/pod-product-compliance
Lightning Source LLC
Chambersburg PA
CBHW060624050426
42451CB00012B/2417